LAMP WORKBOOK

학습전략
향상 프로그램 단축판

KB124582

LAMP WORKBOOK

학습전략 향상 프로그램 단축판

박동혁 저

학지사

공부를 잘하는 사람들은 어떤 특징이 있을까요? 어떤 사람은 암기력이 중요하다고 말하고, 또 어떤 사람은 집중력과 끈기가 중요하다고 말합니다. 혹은 머리 좋은 사람이 결국 공부를 잘한다는 말이 있기도 하고 환경이 중요하다는 점도 강조됩니다. 여러 사람의 의견을 모아 보면 수십 가지 이상의 특징이 공부 잘하는 사람과 관련이 있는 것으로 나타납니다.

하지만 오랫동안 공부를 즐기고 지적인 발전을 한 사람은 그렇지 못한 사람에 비해 '태도'와 '습관'에서 가장 큰 차이가 나는 것으로 확인되었습니다. 아무리 머리가 좋고 이상적인 여건을 갖추고 있어도 공부하고자 하는 의지와 동기가 뒷받침되지 않으면 앞의 조건은 별 의미가 없다는 것입니다. 최근 학습에 있어 가장 중요한 요소로 인식하고 있는 '자기주도적 학습'은 '능력'의 문제가 아니라 '태도'의 문제를 강조하고 있음을 기억해야 합니다.

태도의 문제라는 것이 무조건 열심히 하는 것을 뜻하는 것은 아닙니다. 공부를 열심히 하는 것은 꼭 필요하지만, 무엇이 효과적인 방법인지 모른 채 무조건 열심히 하는 것은 사막에서 나침반 없이 탈출하려 시도하는 것과 같을지 모릅니다. 열심히 하려는 의욕도 중요하지만, 자신에게 주어진 시간, 노력, 재능, 흥미 등의 수많은 자원의 습관적인 활용 방법은 사람마다 전혀 다른 결과를 가져다줄 수 있습니다. 다시 말해, '어떻게' 노력하고 있는지가 중요한 것입니다.

공부에 있어 '어떻게'의 문제는 학습습관이 좌우합니다. 학습습관은 지능과 달리 선천적인 것이 아니며, 일정 기간의 훈련이나 연습에 의해 상당한 변화가 가능합니다. '훈련'이나 '연습'이라는 표현을 쓰는 이유는 많은 학생이 좋은 공부습관을 만드는 데 사용되는 학습기술을, '마법'과 같은 방법으로 오해하는 경우가 많기 때문입니다. 공부습관은 근육을 키우기 위해 운동을 하는 것에 비유할 수 있습니다. 처음에는 힘들고 어색하지만, 효과적인 방법이 무엇인지 이해한 후 습관이 될 때까지 그것을 꾸준히 적용하면 자신의 삶에 분명한 결과를 가져다줍니다.

학습전략검사 MLST에 이어 적용되는 기존의 학습전략 향상 프로그램 LAMP는 총 20회기로 구성되어 있습니다. 하지만 학교 현장이나 상담 장면에서 이 모든 회기를 적용하는 데 시간적 한계가 있다는 의견이 있어 이렇게 단축판을 출간하게 되었습니다. 가장 핵심적인 주제 8개를 선별했고 회기당 1시간 정도의 운영이 가능하도록 분량을 조절했습니다.

이 프로그램을 접하는 청소년 여러분에게 이 기회가 수동적이고 지겨운 공부에서 벗어나 주도적이고 즐거운 공부를 경험할 수 있는 계기가 되기를 간절한 마음으로 기대해 봅니다.

마음은 배움의 힘을, 배움은 마음의 힘을 키워 줍니다.

2017년 봄이 오는 길목에서
심리학박사 박동혁

CONTENTS

☞ 머리말 • 5

1 MLST를 통한 자기 이해

❓ 나에게 있어 '공부'란?　　　　　　　　　　　　　　11
❓ 공부 스트레스 마인드맵 그리기　　　　　　　　　　12
❗ 공부의 심리학 – 성적에 영향을 주는 필요조건　　　13
❗ 공부의 심리학 – 성적에 영향을 주는 충분조건　　　15
✔ 이번 시간 과제　　　　　　　　　　　　　　　　20

2 미래목표를 위한 첫걸음
단기목표 설정

❓ 목표 세우기 체크리스트　　　　　　　　　　　　23
❗ 목표설정의 중요성　　　　　　　　　　　　　　　24
❗ 이룰 수 있는 '제대로 된' 목표의 원칙 – 현(現)행(行)시(時)측(測)　25
✔ 성적목표 만들기　　　　　　　　　　　　　　　27
❗ 성적목표판 작성하기(예시)　　　　　　　　　　　28
✔ 성적목표판 작성하기　　　　　　　　　　　　　29

3 중요한 일 먼저 하기
시간관리의 핵심원칙

❗ 시간관리란?　　　　　　　　　　　　　　　　　33
❓ 나의 우선순위는?　　　　　　　　　　　　　　　34
❗ 우선순위를 결정하는 두 가지 기준　　　　　　　　36
❗ 우선순위에 따른 활동　　　　　　　　　　　　　37
✔ 우선순위 세우기 연습　　　　　　　　　　　　　38
❗ 파레토 법칙　　　　　　　　　　　　　　　　　39
✔ 파레토 법칙의 적용　　　　　　　　　　　　　　40
✔ 이번 시간 과제　　　　　　　　　　　　　　　　41

4

효율적인 공부 계획표 내 손으로 만들기

플래너 작성

❗ 시간의 종류	45
❓ 계획표의 유형	47
❗ LAMP 학습 플래너 구성	48
❗ LAMP 학습 플래너 작성 방법	49
✅ LAAP 학습 플래너 작성 연습	52
✅ 플래너 점검	54

5

집중력 스위치 켜기

집중력 향상 전략

❓ 나는 집중을 잘하는 사람? 못하는 사람?	57
❓ 집중에 대한 이해	58
❓ 집중이 잘 될 때 vs 집중이 안 될 때	60
❗ 집중을 높이기 위한 기술	62
✅ 내가 집중이 안 되는 가장 큰 이유 정리하고 해결책 찾아보기	65

6

문제집도 되고 참고서도 되는 나만의 노트 만들기

효과적인 노트양식

❗ 효과적인 노트양식	69
❗ 노트 작성 예시	73
✅ 노트 작성 연습	75
❗ 노트를 활용한 복습법	77

7 효과적인 책읽기 기술

읽은 내용을 내 것으로 만드는 책읽기 방법

❓ 책읽기 체크리스트   81
❓ 자신의 책읽기 능력을 어느 정도라고 생각하나요?   82
❗ 책읽기 1단계: 훑어보기   83
❗ 책읽기 2단계: 질문하기   84
✅ 책읽기 연습: 훑어보기 + 질문하기   85
❗ 책읽기 3단계: 읽기   86
✅ 책읽기 연습: 읽기   87
❗ 책읽기 4단계: 암송하기   89
📖 과제   90

8 기억력 향상 전략

습관만 바꿔도 기억력이 높아진다!

❓ 기억 습관 체크리스트   93
❗ 기억의 종류   94
❗ 기억의 한계   96
❗ 기억의 효율을 높이는 5단계   98
✅ 기억술의 적용   103
✅ 실전연습   105

MLST를 통한 자기 이해

나에게 있어 '공부'란?

우리가 매일 해야 하는 공부! 여러분은 이 단어에서 어떤 것이 연상되나요?

'공부' 하면 떠오르는 생각을 세 가지 적어 보세요. 그런 다음, 공부에 대한 내 느낌을 잘 나타내는 감정 스티커를 골라 옆 칸에 붙여 봅시다. 또 그렇게 느끼는 이유에 대해서도 적어 봅시다.

떠오르는 생각은?	그건 어떤 감정이지?	그렇게 느낀 이유는?
ex - 짜증난다.	ex 짜증	ex - 공부하라는 엄마의 잔소리가 생각나서
❶		
❷		
❸		

공부 스트레스 마인드맵 그리기

공부 스트레스 마인드맵을 통해 현재 느끼고 있는 공부에 대한 스트레스와 어려운 점들을 좀 더 명확하게 살펴봅시다.

먼저 '공부 스트레스'로 중심 이미지를 잡고 주변의 여러 가지 장면의 이미지나 단어를 연상해서 적어 보세요. 공부와 관련된 일, 생각, 느낌 등을 자유롭게 떠올리며 만들어 보세요.

공부의 심리학 – 성적에 영향을 주는 필요조건

● **첫 번째 : IQ**

여러분은 IQ가 공부에 얼마만큼 영향을 준다고 생각하나요? 다음의 파이그래프에 표시해 봅시다.

〈 IQ가 공부에 미치는 영향은? 〉

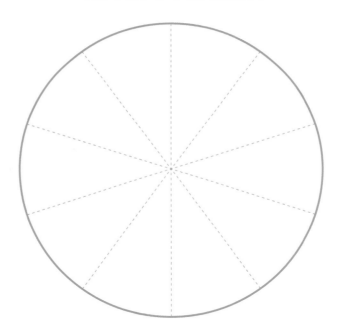

> 실제로 IQ가 성적에 차지하는 비중은 _____ %

공부를 잘하는 사람들을 보면 흔히 '머리가 좋을 것이다'라는 생각을 합니다. 물론 공부는 지적인 과정이기 때문에 IQ가 높은 사람이 유리합니다. 하지만 같은 지능을 가지더라도 성적의 차이는 천차만별이며, 지능은 높지만 공부를 못하는 사람은 물론 지능이 높지 않지만 성적이 좋은 사람도 있습니다.

공부의 심리학 – 성적에 영향을 주는 필요조건

● **두 번째 : 노력**

여러분은 학교나 학원 숙제를 제외한 자기공부 시간이 하루에 얼마나 되나요?

> _____ 시간 _____ 분

아래의 그래프는 중상위권 청소년들의 하루 평균 자기공부 시간입니다. 나의 공부 시간도 그래프로 그려 봅시다.

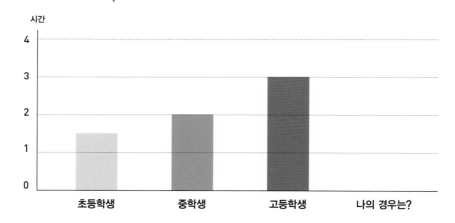

> 위의 조사결과와 비교할 때, 자신의 공부 시간은 어떠하다고 생각하나요?

> 자신의 경우는 어떠한가요?

충분하다 ☐   부족하다 ☐

공부의 심리학 – 성적에 영향을 주는 충분조건

● **MLST 학습전략검사 결과 이해하기**

효과적인 학습이 일어나기 위해서는 다수의 전략적 행동이 요구됩니다.
MLST 학습전략검사는 학습과정에서 일어나는 습관적, 행동적, 전략적 효율성을 측정하는 것입니다.

이러한 요인들은 현재의 학업성취도에 직접적인 영향을 줄 수 있을 뿐만 아니라, 학년의 증가에 따라 지능 이상의 영향력을 발휘하며 자기주도적 학습능력의 근간을 이루기도 합니다.

또한 본인의 노력과 경험, 그리고 훈련에 의해 충분히 변화할 수 있는 부분이기 때문에 학습전략에서의 장점과 단점을 이해하는 것은 청소년의 학업 발달에 있어서 매우 실제적인 의미를 가지고 있습니다.

성격적 특성을 통해 알 수 있는 공부에 대한 자신감

공부에 대한 자신감은 자신의 [ ][ ] 에 대해
얼마나 확신하고 있는지에 따라 달라집니다.

● 검사 결과 나의 성격적 특성 종합점수는 어디에 해당되나요?
아래 그래프에 ∨표시해 보세요.

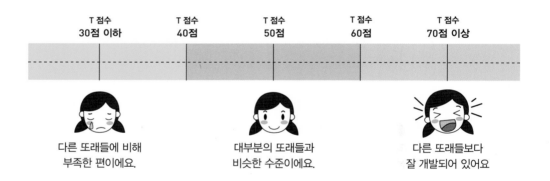

| T 점수 30점 이하 | T 점수 40점 | T 점수 50점 | T 점수 60점 | T 점수 70점 이상 |

다른 또래들에 비해
부족한 편이에요.

대부분의 또래들과
비슷한 수준이에요.

다른 또래들보다
잘 개발되어 있어요

● 자신감을 키우려면 어떻게 해야 할까요?

정서적 특성을 통해 알 수 있는 마음상태

정서적 특성이란 공부에 방해되는 자신의 정서적 □□□ 의 정도를 나타냅니다.

● **검사 결과 나의 정서적 특성 종합점수는 어디에 해당되나요?**
아래 그래프에 ∨ 표시해 보세요.

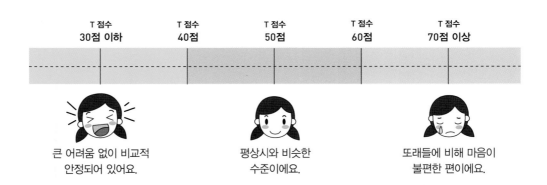

T 점수 30점 이하	T 점수 40점	T 점수 50점	T 점수 60점	T 점수 70점 이상

큰 어려움 없이 비교적 안정되어 있어요.　　평상시와 비슷한 수준이에요.　　또래들에 비해 마음이 불편한 편이에요.

● **안정된 마음을 유지하려면 어떻게 해야 할까요?**

✋ 동기적 특성을 통해 알 수 있는 나의 동기

동기란 공부하는 ☐☐ 와 ☐☐ 에 따라 달라집니다.

학습동기	배움 그 자체를 중요하게 여기고 학습에 대한 흥미와 호기심, 만족감을 느끼는 정도를 측정합니다.
경쟁동기	자신의 능력이나 성취를 다른 사람들에게 과시하고자 하는 욕구, 인정받고자 하는 욕구를 측정합니다.
회피동기	자신의 부족하거나 열등한 모습을 보이고 싶어 하지 않으려는 욕구를 측정합니다.

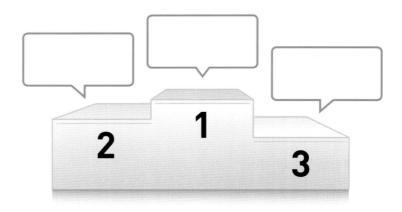

● **학습동기를 높이려면 어떻게 해야 할까요?**

✋ 행동적 특성을 통해 알 수 있는 나의 학습전략

학습전략이란 공부를 할 때 주로 어떤 ☐☐ 과 ☐☐ 을 가지고 있는지를 의미합니다.

● **검사 결과 나의 행동적 특성 종합점수는 어디에 해당되나요?**
아래 그래프에 ✓표시해 보세요.

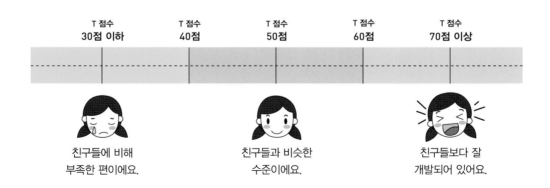

T 점수 30점 이하	T 점수 40점	T 점수 50점	T 점수 60점	T 점수 70점 이상

친구들에 비해
부족한 편이에요.

친구들과 비슷한
수준이에요.

친구들보다 잘
개발되어 있어요.

● **상대적으로 부족한 학습기술은 무엇인가요?**

이번 시간 과제

● 앞에서 공부하는 데 있어서 어려움, 문제점에 대해 살펴보았습니다. 앞에서 찾아본 내용과 검사 결과를 통해 알게 된 문제점들을 어떻게 고치고 싶은지 적어 봅시다.

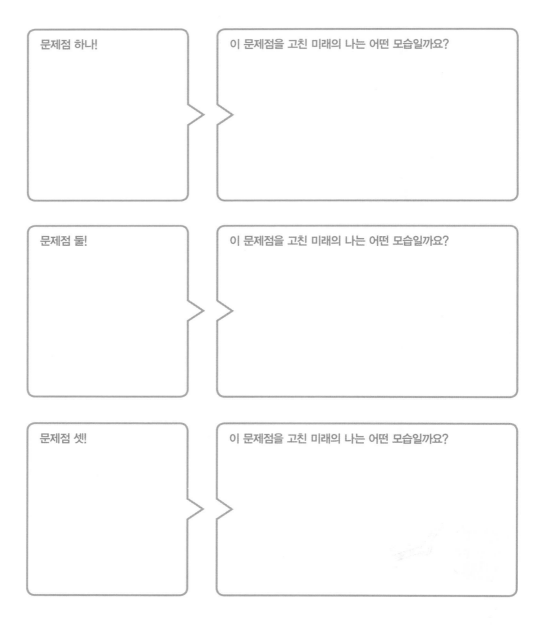

문제점 하나!	이 문제점을 고친 미래의 나는 어떤 모습일까요?
문제점 둘!	이 문제점을 고친 미래의 나는 어떤 모습일까요?
문제점 셋!	이 문제점을 고친 미래의 나는 어떤 모습일까요?

미래목표를 위한
첫걸음

단기목표 설정

목표 세우기 체크리스트

● 다음의 체크리스트를 통해서 목표 세우기 정도를 확인해 봅시다.

문 항	∨ 표
1. 1년 후, 5년 후의 내 모습에 대한 구체적인 그림이 있다.	
2. 공부해야 할 분명한 목표가 있다.	
3. 목표는 나에게 정말 중요하다.	
4. 나는 어떤 일을 하기 전에 목표를 세우는 편이다.	
5. 힘들더라도 목표를 이루기 위해 참고 공부한다.	
6. 여러 가지 일을 해야 할 때는 일의 순서를 정한 다음에 시작한다.	
7. 즐기고 싶은 일이 있을 때도, 우선 목표로 한 일을 끝내놓고 나서 하는 편이다.	
8. 목표를 이루기 위해 오늘 해야 할 일이 무엇인지 잘 알고 있다.	

총 개수 :

● ∨ 표시한 문항의 개수를 세어 보세요. 여러분의 목표 세우기 정도는 어떤가요?

(0~2개) ⟶ 새롭게 목표를 세워 봅시다.

(3~4개) ⟶ 목표가 아직 애매합니다.

(5~6개) ⟶ 목표를 조금 더 구체화하세요.

(7~8개) ⟶ 목표가 뚜렷합니다.

목표설정의 중요성

- **목표란?**

目標 =
우리가 스스로의 활동을 통해 ⬜⬜ 하고자 하는 구체적 ⬜⬜

- **목표설정은 왜 중요할까?**

목표가 있는 사람들이 목표가 없는 사람들보다 일을 더 잘합니다. 그리고 같은 사람도 목표가 있을 때 목표가 없을 때보다 일을 더 잘할 수 있습니다.

> 자, 지금부터 2분 동안 윗몸일으키기를 합니다. 몇 개쯤 할 수 있을까요?
>
>
>
> 체력조건이 비슷한 A, B반 학생들을 대상으로 윗몸일으키기를 하도록 하였습니다. A반 학생들에게는 자신들이 2분 동안 얼마나 많은 윗몸일으키기를 할 것인가에 대한 목표를 세우도록 했고, B반 학생들에게는 미리 정한 목표 없이 윗몸일으키기를 하도록 했습니다. 어느 반이 더 많이 했을까요?

- **그 결과, ___ 반 학생들이 더 많은 윗몸일으키기를 할 수 있었습니다.**
  그 이유는 무엇일까요?

⬜

24

이룰 수 있는 '제대로 된' 목표의 원칙 –
현(現) 행(行) 시(時) 측(測)

● 실천할 수 있고 이룰 수 있는 목표는 다음과 같은 특징을 가지고 있습니다.
따라서 목표를 세울 때는 항상 다음 사항을 명심해야 합니다.

> 현재 주어진 능력으로 이룰 수 있는 '현 　 　 　' 목표예요!

> 당장 실천할 수 있는 '행 　' 으로 바꿀 수 있어요!

> 언제까지 이룰 것인지 '시 　'을 정해 놔요!

> 목표가 이루어지는 정도를 '측 　'할 수 있어요!

'현행시측' 원칙에 따른 목표 세우기

● **살을 빼고 싶다.**

현 :

행 :

시 :

측 :

● **영어를 더 잘하고 싶다.**

현 :

행 :

시 :

측 :

성적목표 만들기

● **'현행시측' 원칙을 응용하여 성적목표를 세워 봅시다.**

☐ 실적인 목표	현재 지금 나의 성적을 적어 봅시다. 그리고 앞으로 이루고 싶은 성적을 적어 봅시다. 현재 성적 ─── ( )점 향상 → 미래 성적 달성 가능성? ___ %

시험 목표를 이루는 데 특별히 치중해야 할 과목을 정해 써 봅시다.

1 _____ 2 _____ 3 _____

어떤 방식으로 공부할지 구체적으로 적어 보세요.

☐ 동적인 목표

목표과목	평소에 할 수 있는 공부 방법
	복습은 기본! **+**
	복습은 기본! **+**
	복습은 기본! **+**

마감 ☐ 한이
정해진 목표

'성적목표를 _____ **까지 달성하겠다.'**

☐ 정 가능한
목표

목표 달성을 위해 지속적으로 노력하려면 반드시 자신이 잘하고 있는지 여부를
측정하고 판단할 수 있는 명확한 기준이 필요합니다.

• 결과를 측정 ┤ [   ]

• 과정을 측정 ┤ [   ]

성적목표판 작성하기(예시)

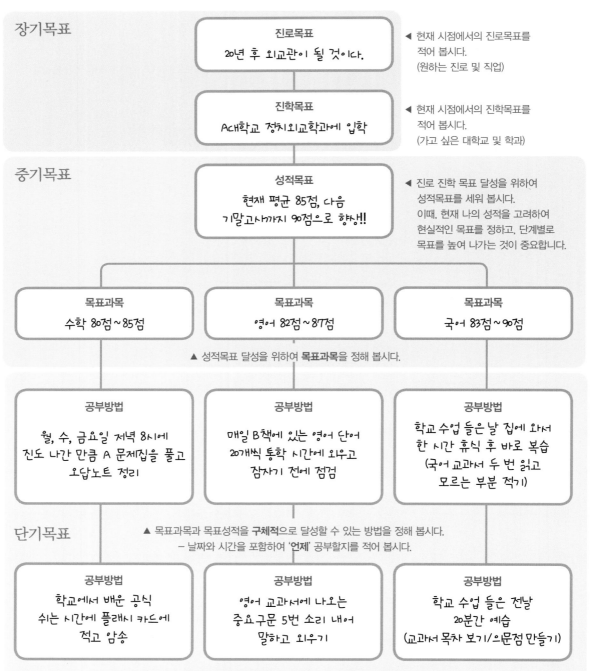

장기목표

진로목표
20년 후 외교관이 될 것이다.

◀ 현재 시점에서의 진로목표를
적어 봅시다.
(원하는 진로 및 직업)

진학목표
A대학교 정치외교학과에 입학

◀ 현재 시점에서의 진학목표를
적어 봅시다.
(가고 싶은 대학교 및 학과)

중기목표

성적목표
현재 평균 85점, 다음
기말고사까지 90점으로 향생!!

◀ 진로 진학 목표 달성을 위하여
성적목표를 세워 봅시다.
이때, 현재 나의 성적을 고려하여
현실적인 목표를 정하고, 단계별로
목표를 높여 나가는 것이 중요합니다.

목표과목
수학 80점~85점

목표과목
영어 82점~87점

목표과목
국어 83점~90점

▲ 성적목표 달성을 위하여 **목표과목**을 정해 봅시다.

공부방법
월, 수, 금요일 저녁 8시에
진도 나간 만큼 A 문제집을 풀고
오답노트 정리

공부방법
매일 B책에 있는 영어 단어
20개씩 통학 시간에 외우고
잠자기 전에 점검

공부방법
학교 수업 들은 날 집에 와서
한 시간 휴식 후 바로 복습
(국어 교과서 두 번 읽고
모르는 부분 적기)

단기목표

▲ 목표과목과 목표성적을 **구체적**으로 달성할 수 있는 방법을 정해 봅시다.
– 날짜와 시간을 포함하여 '언제' 공부할지를 적어 봅시다.

공부방법
학교에서 배운 공식
쉬는 시간에 플래시 카드에
적고 암송

공부방법
영어 교과서에 나오는
중요구문 5번 소리 내어
말하고 외우기

공부방법
학교 수업 들은 전날
20분간 예습
(교과서 목차 보기/의문점 만들기)

– 목표를 달성하기 위해 '**어떻게**' 공부할 것인지 구체적인 방법을 적어 봅시다.

성적목표판 작성하기

🌳 진로목표

🎓 진학목표

📧 성적목표

📕 목표과목

📕 목표과목

📕 목표과목

✏️ 공부방법

✏️ 공부방법

✏️ 공부방법

✏️ 공부방법

✏️ 공부방법

✏️ 공부방법

3

중요한 일 먼저 하기

시간관리의 핵심원칙

시간관리란?

● **시간의 의미**

눈에 보이지 않는 시간에 비유할 수 있는 것은 무엇이 있을까요?
자신만의 재미있는 비유를 찾아봅시다.

ㅅ1간은 (   )이다.

● **시간의 특징**

> 시간은 [   ]를 이루는 데 반드시 필요한 자원이다.

> 시간은 다른 자원과 달리 [   ]할 수 없다.

> 시간은 모두에게 [   ]하다.

● **시간관리의 의미**

시간관리에 대해 배우기에 앞서, 시간관리는 무엇을 의미하는지 자신의 생각을
적어 봅시다.

시간관리란,
주어진 시간을 자신의 [   ]에 맞게 [   ]해서 사용하는 것이다.

나의 우선순위는?

● **우선순위 세우기 연습**

1. 평소 어떤 순서대로 일을 하는지 순서대로 화살표로
   연결해 보세요.

2. '본인이 중요하다고 생각하는 정도'에 따라 ☆에 색을
   칠해 보세요(1~3개).

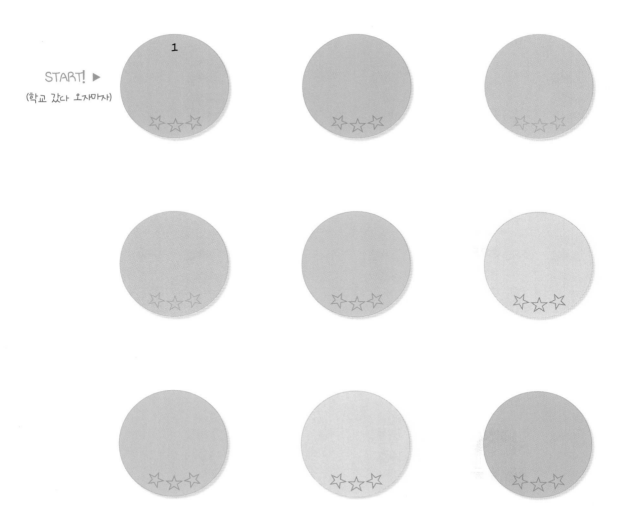

START! ▶

(학교 갔다 오자마자)

● 평소 나는 중요하다고 생각하는 일부터 먼저 하는 편인가요?

YES / NO

● 내가 중요하다고 생각하는 것들은 어떤 일들인가요?

● 중요도에 따라 일을 할 때와 중요도에 상관없이 일을 할 때의 결과는 어떻게 다를까요? 각자의 생각을 적은 후 다른 사람들과 토의해 봅시다.

중요도에 따라 순서대로 했을 때의 결과	중요도를 무시하고 했을 때의 결과

우선순위를 결정하는 두 가지 기준

우선순위를 결정하는 것은 결코 쉬운 일이 아닙니다. 특히, 시간이 부족하고 할 일이 많을 때(예를 들어, 시험기간)는 더욱 혼란스럽고 어려울 수 있습니다.

● **일의 순서를 정하기 위한 우선순위 결정 기준에 대해 배워 봅시다.**

기준 1 │ **중요도**	기준 2 │ **긴급도**

> 일의 중요도는 자신의
>
> [　　] 에 따라 결정됩니다.

> 급한 일의 기준은
> 그 일을 반드시 끝마쳐야 하는 시간,
> 즉 [　　　　] 이 얼마나
> 멀고 가까운지의 여부로 결정할 수
> 있습니다.

우선순위에 따른 활동

● **우선순위 결정 기준에 따르면 어떤 일을 먼저 해야 할까요?**

1. 아래 쓰인 활동들이 각각 어디에 해당하는지 적어 보세요.
2. 아래의 빈칸에 본인이 생각하는 우선순위(1~4위)를 적어 보세요.

Ⓐ 시험, 숙제와 같이 당장 해야 할 일
Ⓑ 급하게 하지 않아도 우리 삶에 별다른 영향을 주지 않는 일들
Ⓒ 급하게 느껴지지만 목표와 관련성이 낮은 일들
Ⓓ 장기적 계획이 요구되는 일들

중요한 정도

중요하고 급한 일	중요하지 않고 급한 일
중요하지만 급하지 않은 일	중요하지도 않고 급하지도 않은 일

급한 정도

우선순위 세우기 연습

● **우선순위를 세우는 방법을 아래 표에 연습해 봅시다.**

목표가 '평균 성적 5점 향상'이라면, 스티커에 적힌 활동들은 어떤 칸에 들어가야 할까요? 해당되는 영역에 적절한 활동이 적혀 있는 스티커를 붙여 보세요.
(스티커는 교재 맨 뒤에 첨부되어 있습니다.)

중요한 정도

급한 정도

중요하고 급한 일	중요하지 않고 급한 일
중요하지만 급하지 않은 일	중요하지도 않고 급하지도 않은 일

파레토 법칙

● **파레토 법칙이란?**

이탈리아의 경제학자이자 사회학자인 파레토는 대략 전체 인구의 20%가 전체 부의 80%를 차지하고 있음을 발견하였다. 이는, 전체 결과의 80%가 전체 원인의 20%에 서 일어나며 적은 비율의 노력과 원인이 큰 비율의 결과로 나타난다는 것을 의미하 는 것이다.

● **파레토 법칙의 예시**

> "국내 총생산의 _____%는 인구의 _____%가 만들어 낸다."

> "어떤 회사의 총수익 _____%는 제품의 _____%에서 발생한다."

● **파레토 법칙을 여러분의 생활에 적용한다면, 어떤 것들이 있을 수 있는지 찾아봅시다.**

● **파레토 법칙이 시간관리에 있어서 중요한 이유를 생각해 봅시다.**

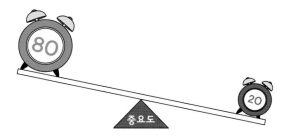

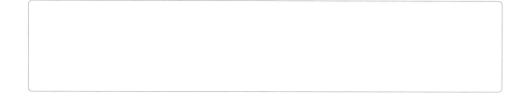

중요한 일의 [ ]%는

하루 중 [ ]%의 시간

동안에 이루어진다.

파레토 법칙의 적용

● 만일, 하루 2~3시간씩 10년 동안 한 가지 활동을 꾸준히 한다면, 삶에 놀라운 변화를 가져올 수 있어요. 이를 위해 중요하다고 생각하는 활동 한 가지를 적어 봅시다.

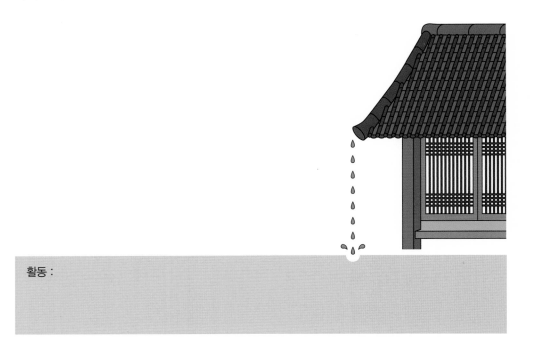

활동 :

● 만일, 이러한 활동을 지속적으로 한다면 10년 후 나는 어떤 모습일까요?
구체적으로 적어 봅시다.

이번 시간 과제

● 다음 주에 자신이 해야 할 일들을 생각해 보고, 목표를 기준으로 하여 우선순위에 맞게
다시 아래의 표에 정리해 봅시다.

중요한 정도

중요하고 급한 일	중요하지 않고 급한 일
중요하지만 급하지 않은 일	중요하지도 않고 급하지도 않은 일

급한 정도

● 이대로 지킨다면 내 삶에 어떤 변화가 있을까요?

4

효율적인 공부 계획표
내 손으로 만들기

플래너 작성

시간의 종류

플래너는 '4가지 시간'을 적절히 활용해야 가장 큰 효과를 볼 수 있습니다.

1. 고정시간

> 이미 ____ 있는 일들,
>
> 따로 ____ 할 필요가 없는 일들
>
>

2. 가용시간

> 내가 마음대로 ____
>
> 쓸 수 있는 시간

- 나의 가용시간은? _____ 시간

3. 목표학습시간

> 목표 달성을 위해 공부하기로 결정한 시간

목표학습시간을 정하는 기준

1. ☐☐☐☐ 의 20%

2. ☐☐☐☐☐ 보다 20% 더 늘리기

3. ☐☐☐ 에 필요한 시간

• 나의 목표학습시간은? _____ 시간

4. 골든타임

> 하루 중 집중하기 유리한 시간

골든타임의 조건

1. 비교적 ☐☐ 한 시간

2. ☐☐☐ 않은 시간

3. ☐☐ 이 적은 시간

4. ☐☐☐ 이 좋은 시간

계획표의 유형

효과적인 시간관리를 위해선 계획표가 필요합니다. 여러분은 어떤 형태의 계획표를 사용해 보았나요? 가장 대표적인 계획표 두 가지는 아래와 같습니다.

● **두 계획표 양식의 장단점에 대해 생각해 봅시다.**

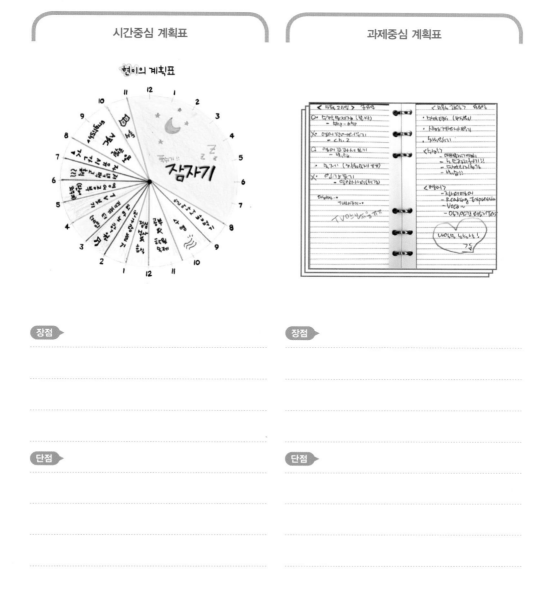

시간중심 계획표	과제중심 계획표

LAMP 학습 플래너 구성

다음은 효과적인 플래너의 예시입니다. 아래의 플래너는 'LAMP 학습 플래너'라고 불리며 다양한 시간관리의 원리들을 통합한 것입니다.

LAMP 학습 플래너 작성 방법

✌ 기본시간표 작성 방법

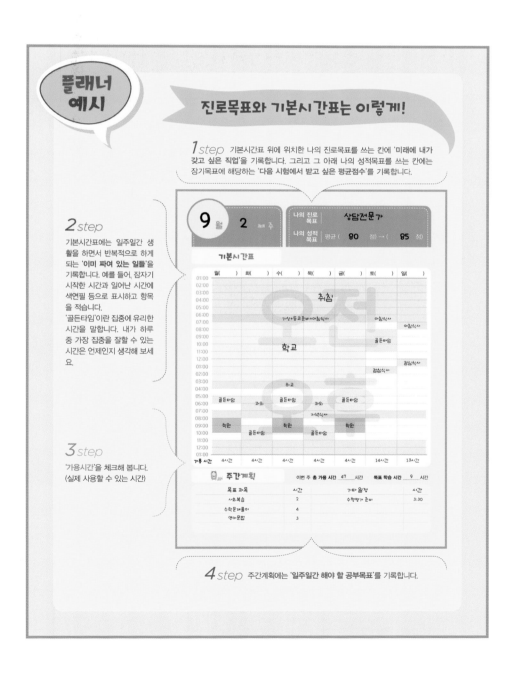

플래너 예시

진로목표와 기본시간표는 이렇게!

1 step 기본시간표 위에 위치한 나의 진로목표를 쓰는 칸에 '미래에 내가 갖고 싶은 직업'을 기록합니다. 그리고 그 아래 나의 성적목표를 쓰는 칸에는 장기목표에 해당하는 '다음 시험에서 받고 싶은 평균점수'를 기록합니다.

2 step

기본시간표에는 일주일간 생활을 하면서 반복적으로 하게 되는 '이미 짜여 있는 일들'을 기록합니다. 예를 들어, 잠자기 시작한 시간과 일어난 시간에 색연필 등으로 표시하고 항목을 적습니다.
'골든타임'이란 집중에 유리한 시간을 말합니다. 내가 하루 중 가장 집중을 잘 할 수 있는 시간은 언제인지 생각해 보세요.

3 step

'가용시간'을 체크해 봅니다.
(실제 사용할 수 있는 시간)

4 step 주간계획에는 '일주일간 해야 할 공부목표'를 기록합니다.

9 월 **2** 째 주

나의 진로목표	상담전문가
나의 성적목표	평균 80 점 → 85 점

기본시간표

(월( ) 화( ) 수( ) 목( ) 금( ) 토( ) 일( ) 기본시간표: 취침, 세수+등교준비+아침식사, 아침식사, 학교, 골든타임, 점심식사, 하교, 골든타임, 과외, 저녁식사, 학원, 골든타임 등 표시)

가용시간	4시간	4시간	4시간	4시간	4시간	14시간	13시간

주간계획 | 이번 주 총 가용 시간 **47** 시간 | 목표 학습 시간 **9** 시간

목표 과목	시간	기타 일정	시간
사회복습	2	수행평가 준비	3:30
수학문제풀이	4		
영어문법	3		

✌ 주간계획표 작성 방법

🕐 주간계획		이번 주 **총 가용 시간** __47__ 시간	**목표 학습 시간** __9__ 시간
목표 과목	**시간**	**기타 일정**	**시간**
사회복습	2	수행평가 준비	3:30
수학문제풀이	4		
영어문법	3		

> **step 1** 일주일 동안 공부할 목표과목을 기록합니다.

> **step 2** 필요한 공부시간을 기록합니다.
> 주의 ˉ 총 공부시간이 목표학습시간과 같거나 많아야 합니다.
> ˉ 목표학습시간은 스스로 공부하는 목표과목만을 위한 시간으로,
> 숙제하는 시간은 해당되지 않습니다.

> **step 3** 목표학습시간 외에 잊지 말아야 할 숙제 및 기타 공부할 과목을 기록합니다.

일일계획표 작성 방법

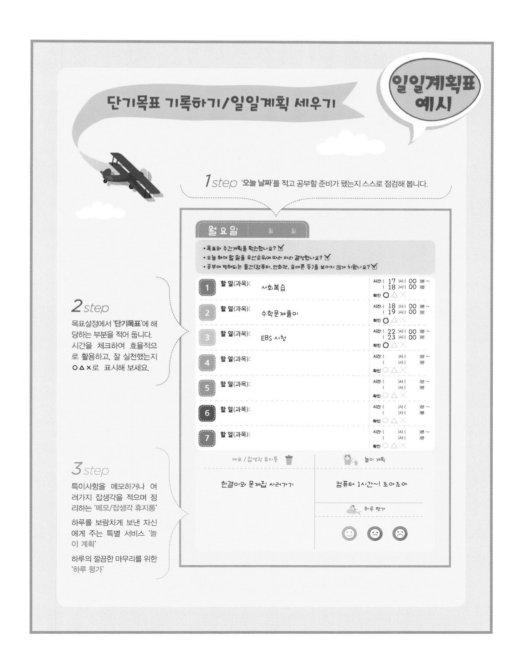

단기목표 기록하기/일일계획 세우기

일일계획표 예시

1step '오늘 날짜'를 적고 공부할 준비가 됐는지 스스로 점검해 봅니다.

월요일 월 일

• 목표와 주간계획을 확인했나요? ✓
• 오늘 해야 할 일을 우선순위에 따라 미리 결정했나요? ✓
• 공부에 방해되는 물건(컴퓨터, 만화책, 휴대폰 등)을 보이지 않게 치웠나요? ✓

1	할 일(과목): 사회복습	시간 (17)시 (00)분 ~ (18)시 (00)분 확인 ○ △ ×
2	할 일(과목): 수학문제풀이	시간 (18)시 (00)분 ~ (19)시 (00)분 확인 ○ △ ×
3	할 일(과목): EBS 시청	시간 (22)시 (00)분 ~ (23)시 (00)분 확인 ○ △ ×
4	할 일(과목):	시간 ( )시 ( )분 ~ ( )시 ( )분 확인 ○ △ ×
5	할 일(과목):	시간 ( )시 ( )분 ~ ( )시 ( )분 확인 ○ △ ×
6	할 일(과목):	시간 ( )시 ( )분 ~ ( )시 ( )분 확인 ○ △ ×
7	할 일(과목):	시간 ( )시 ( )분 ~ ( )시 ( )분 확인 ○ △ ×

메모 / 잡생각 휴지통
한결이와 문제집 사러가기

놀이 계획
컴퓨터 1시간~! 조아조아

하루 평가
☺ ☺ ☹

2step

목표설정에서 '단기목표'에 해당하는 부분을 적어 둡니다. 시간을 체크하여 효율적으로 활용하고, 잘 실천했는지 ○△×로 표시해 보세요.

3step

특이사항을 메모하거나 여러가지 잡생각을 적으며 정리하는 '메모/잡생각 휴지통'

하루를 보람차게 보낸 자신에게 주는 특별 서비스 '놀이 계획'

하루의 깔끔한 마무리를 위한 '하루 평가'

LAMP 학습 플래너 작성 연습

월   째 주

| 나의 진로 목표 | |
| 나의 성적 목표 | 평균 (점) ⋯ (점) |

기본시간표

	월( )	화( )	수( )	목( )	금( )	토( )	일( )
01:00							
02:00							
03:00							
04:00							
05:00							
06:00							
07:00							
08:00							
09:00							
10:00							
11:00							
12:00							
01:00							
02:00							
03:00							
04:00							
05:00							
06:00							
07:00							
08:00							
09:00							
10:00							
11:00							
12:00							
01:00							

가용 시간

주간계획

이번 주 **총 가용 시간** _____ 시간   **목표 학습 시간** _____ 시간

목표 과목	시간	기타 일정	시간

월요일 　월　　일

- 목표와 주간계획을 확인했나요? ☐
- 오늘 해야 할 일을 우선순위에 따라 미리 결정했나요? ☐
- 공부에 방해되는 물건(컴퓨터, 만화책, 휴대폰 등)을 보이지 않게 치웠나요? ☐

1 할 일(과목):　　시간: (　)시 (　)분 ~ (　)시 (　)분　확인 ○ △ ✕

2 할 일(과목):　　시간: (　)시 (　)분 ~ (　)시 (　)분　확인 ○ △ ✕

3 할 일(과목):　　시간: (　)시 (　)분 ~ (　)시 (　)분　확인 ○ △ ✕

4 할 일(과목):　　시간: (　)시 (　)분 ~ (　)시 (　)분　확인 ○ △ ✕

5 할 일(과목):　　시간: (　)시 (　)분 ~ (　)시 (　)분　확인 ○ △ ✕

6 할 일(과목):　　시간: (　)시 (　)분 ~ (　)시 (　)분　확인 ○ △ ✕

7 할 일(과목):　　시간: (　)시 (　)분 ~ (　)시 (　)분　확인 ○ △ ✕

메모 / 잡생각 휴지통 🗑　　놀이 계획

하루 평가

☺ 😐 ☹

플래너 점검

● 플래너 작성이 완료되었다면, 주변의 친구들과 바꾸어 봅시다. 그리고 잘된 점과 보완해야 할 점이 있는지 점검해 봅시다.

잘된 점	보완해야 할 점

> 보완해야 할 점을 확인한 후, 플래너에 적용해 보세요.

5

집중력 스위치 켜기

집중력 향상 전략

나는 집중을 잘하는 사람? 못하는 사람?

● 아래의 문항들을 읽고, 자신에게 해당되는 것에만 √표 하세요.

나는 집중을 잘하는 사람? 못하는 사람?	√표
1. 공부할 때는 딴 생각을 하지 않는다.	
2. 공부할 때는 전적으로 공부에만 집중한다.	
3. 공부하는 동안 소음이 들리면 무시하려고 노력한다.	
4. 집중이 잘되지 않으면 집중을 잘하기 위해 나름대로 노력한다.	
5. 공부시간을 효과적으로 사용하고 있다.	
6. 공부하는 동안에 마음이 편안하다.	
7. 책상에 앉아서 졸지 않는다.	
8. 공부할 때는 음악이나 라디오를 듣지 않는다.	
총 개수 :	

● √표시한 문항의 개수를 세어 보세요. 여러분의 집중력은 어느 정도인가요?

(0~2개) ⟶ 고쳐야 할 집중 습관이 더 많아요.

(3~4개) ⟶ 조금 더 노력해야겠어요.

(5~6개) ⟶ 좋은 습관이 많은 편이네요.

(7~8개) ⟶ 아주 잘 하고 있어요!

집중에 대한 이해

● **집중이란 무엇일까?**

우리는 늘 집중력에 대해 이야기합니다. "집중력만 좋으면 공부를 더 잘할 텐데……." "요즘에는 도무지 공부에 집중이 되지 않아." 등등. 그렇다면 '집중'이라는 것은 무엇일까요?

1) 내가 생각하는 '집중'이란?

2) 집중할 때 한 번에 얼마나(몇 분 혹은 몇 시간) 집중하는 것이 적당할까요? 아래 선에 표시해 주세요. 그리고 그렇게 생각하는 이유도 함께 적어 봅시다.

●————┼————┼————┼————┼————┼————┼————●
　　　10분　　30분　　60분　　90분　　120분　　150분　　180분

그렇게 생각한 이유:

자, 집중에 대해서 충분히 생각해보았다면, 이제 집중의 정의에 대해 정리해 보겠습니다.

집중이란, '□ □ □ □ 에만 □ □ 시간 동안 □ □ 를 기울이는 것' 이라고 정의할 수 있습니다.

● **집중력에 대한 퀴즈**

이번에는 몇 가지 퀴즈를 통해 집중에 대해 자세히 알아보도록 하겠습니다.
알쏭달쏭 OX 퀴즈~!

Quiz 1. 사람들은 누구나 마음만 먹으면 2시간 정도는 집중할 수 있다.	O	X
설 명		
Quiz 2. 하루 중 낮 시간에 집중이 가장 잘된다.	O	X
설 명		
Quiz 3. 게임을 할 때 3~4시간씩 빠지는 것도 집중력이다.	O	X
설 명		
Quiz 4. 공부를 할 때 음악을 듣는 것은 집중에 도움이 된다.	O	X
설 명		

집중이 잘 될 때 vs 집중이 안 될 때

● **집중이 잘 될 때 vs 집중이 안 될 때**

집중력이 항상 같은 것은 아닙니다. 공부하는 과목이나 시간 등에 따라 달라질 수 있습니다. 나에게 있어 집중력은 어떻게 달라질 수 있는지 한번 생각해 봅시다.

집중이 잘 될 때
과목, 시간대, 내 상태 등을 생각해서
써 봅시다.

집중이 안 될 때
과목, 시간대, 내 상태 등을 생각해서
써 봅시다.

● **다른 집중의 조건들**

공부환경

 이 없 는 환 경

잠

하 루 8시 간 정 도 의

인 수 면

컨디션

관 리

집중을 높이기 위한 기술

● **잡념 줄이기 1 – 횟수 체크하기**

횟수 체크하기란 공부를 하는 동안 옆에 하얀 종이를 두고 잡생각이 떠오를
때마다 빗금(/)을 긋는 행동을 가리킵니다. 이러한 행동은 심리학적 용어로
'자기감찰효과'라고 하며, 이는 잡생각이 떠오르는 빈도를 줄여 줍니다.

● **잡념 줄이기 2 – 글로 쓰기**

자꾸만 떠오르는 잡생각이 있을 때, 억지로 생각을 안 하려 애쓰기보다
반대로 그 생각을 더 많이, 더 이상 떠오르지 않을 때까지 하면 오히려
도움이 될 수도 있습니다. 마치 일기를 쓰듯이, 옆에 둔 종이에 어떤 일이
있었는지 그래서 어떤 생각이 들고 기분은 어떤지 등등에 대해 써 보세요.

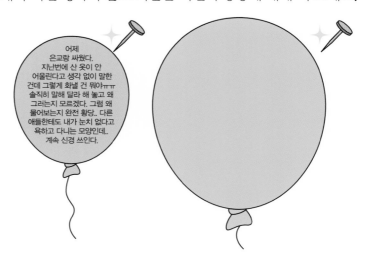

5분 학습법

이 방법은, 집중이 잘되지 않을
때 수학 1문제, 영어 단어 2~3개
정도를 공부하는 방법입니다.
적은 양의 공부만 함으로써
순간적으로 집중을 끌어올릴 수
있는 방법이며, 그렇게 하다 보면
공부에 몰입이 돼서 더 오랜 시간
집중할 수도 있습니다.
그렇다면, 5분간 할 수 있는
공부에는 어떤 것들이 있을까요?

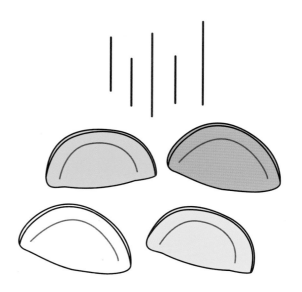

> 5분간 할 수 있는 공부는?

-
-
-
-
-

● 스톱워치 활용하기

여유가 있다고 생각하면 긴장이 풀리면서 일하는 속도가 늦어지는 것을 누구나 경험해 보았을 것입니다. 하지만 시험처럼 마감시간이 얼마 남지 않았을 때는 적당한 수준의 긴장감이 생기면서 쉬이 책에 집중하는 자신을 발견하게 됩니다. 따라서 평소 공부할 때도, 이러한 긴장감을 놓치지 않기 위해 '시간'을 제한해 두면서 공부하는 것이 집중력 향상에 도움이 됩니다. 이때 '스톱워치'는 제한시간을 알려 주는 유용한 도구로 쓰일 수 있습니다.

과목	분량	제한 시간	집중효과
			1-2-3-4-5
			1-2-3-4-5
			1-2-3-4-5

내가 집중이 안 되는 가장 큰 이유 정리하고 해결책 찾아보기

> 내가 집중이 안 되는 가장 큰 이유 3가지만 정리해 봅시다. 늘 집중을 방해하는 이유도 있을 것이고, 상황에 따라 나타나는 이유도 있을 것입니다. 각각에 대해 정리한 뒤, 지금까지 배운 내용을 바탕으로 가능할 해결책에 대해서도 적어 봅시다.

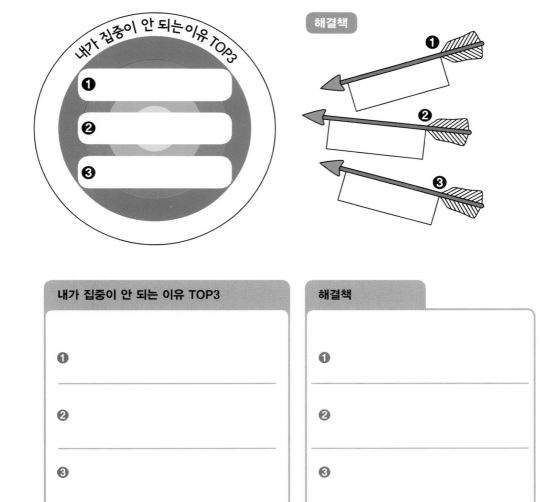

내가 집중이 안 되는 이유 TOP3	해결책
❶	❶
❷	❷
❸	❸

6

문제집도 되고 참고서도 되는
나만의 노트 만들기

효과적인 노트양식

효과적인 노트양식

핵심단어칸	수업내용 정리칸

위에 제시된 노트는, 노트의 왼쪽 부분에 2~4cm 정도의 선을 그은 후 핵심단어칸과 수업내용 정리칸으로 나누어 정리하도록 도와주는 효과적인 양식입니다.

수업 내용 중에서 중요한 내용을 따로 정리할 수 있다는 장점이 있습니다.
중요한 핵심 내용과 설명 부분의 구분이 가능하기 때문에 복습에 아주 유용한 노트 형식이라고 할 수 있습니다.

수업내용 정리칸 작성 방법

학교 수업을 들으면서 노트 작성을 할 때, 먼저 수업내용 정리칸을 필기합니다. 수업을 들으면서 동시에 필기를 하는 것이 결코 쉬운 일은 아니지만, 아래의 단계를 따라가다 보면 보다 쉽게 필기할 수 있을 것입니다.

핵심단어칸	수업내용 정리칸

1 단계

> 가장 먼저 그날 배울 내용의 [　　] [　　] 을 눈에 잘 보이게 적습니다.

> 대단원, 중단원, 소단원 등을 구분하여 적습니다.

2 단계

> 그 단원의 [　　　　　] 를 적습니다.

> 학습목표에는 그날 수업의 가장 핵심적인 내용들이 포함되어 있으므로, 반드시 필기하도록 합니다.

3 단계

> 수업을 들으며 [　　　] 내용을 수업내용 정리칸에 필기합니다.

> 수업 때의 필기가 노트필기의 끝이 아니므로 (집에 가서 다시 보충해야 하기 때문에) [　　] 을 넉넉히 두면서 필기합니다.

핵심단어칸 | **수업내용 정리칸**

4 단계

> 필기를 할 때에는 〔　　　〕〔　　　〕를 붙이고,

　　〔　　　〕〔　　　〕를 사용해 가면서 적도록 합니다.

5 단계

> 잘못 필기한 부분은 지우지 않습니다. 대신

　　〔　　　〕을 긋고 고친 내용을 그 위에 다시 적습니다.

> 단순히 맞춤법이 틀렸을 경우에는 지우개나 화이트를
　　사용합니다.

6 단계

> 수업 중 선생님이 강조하고 반복해서 설명한 부분은
　　확실하게 〔　　〕 표시합니다.

7 단계

> 수업 중 중요하다고 생각되는 〔　　〕이나

　　〔　　　〕 등은 직접 그려 보도록 합니다.
　　다만 꼭 수업 중에 그릴 필요는 없으며, 수업 후
　　복습하는 과정에서 그립니다.

8 단계

> 수업 중에 제시되는 다양한 정보와 사실뿐만 아니라
　　그에 대한 〔　　〕도 필기합니다.

핵심단어칸 작성방법

위의 8단계에 따라 수업내용 정리칸의 필기를 마치면, 핵심단어칸을 기록합니다. 핵심단어칸은 수업내용 정리칸에서 '수업내용을 떠오를 수 있게 하는 힌트'가 되는 핵심단어를 찾아서 적는 것이 중요합니다. 수업단어칸 작성방법과 마찬가지로, 스티커에서 빈칸에 해당하는 단어를 찾아 붙여 봅시다.

● **작성 방법**

> 핵심단어칸   수업내용 정리칸
>
> 1. 수업내용 정리칸에서 [ ] [ ] 단어만 뽑아서 적습니다.
>
> 2. 수업 [ ] [ ] 에 정리하고, 집에서 복습할 때 한 번 더 정리합니다.

● **핵심단어 찾는 요령**

> 선생님이 수업 중에 [ ] [ ] 적으로 이야기한 단어

> 학습목표, [ ] , 제목 등에 포함되어 있는 단어

> 교과서에 굵게 표시되어 있거나 [ ] 된 단어

노트 작성 예시

다음 예문을 3분간 읽은 다음, 노트 형식으로 바꾼다면 어떻게 정리할 수 있을지 잠시 생각해 봅시다. 노트에 옮길 중요내용에 밑줄을 긋고 개요번호를 붙이면서 읽으면, 노트필기가 쉬워집니다.

예문

인구 성장과 인구 이동

학습목표
1. 인구 성장과 인구 이동에 대해 알아보자.
2. 인구 성장 모형을 이해하고 각 단계에 해당하는 예를 생각해 보자.

인구가 증가하거나 감소하는 것을 어떻게 알 수 있을까?

우선 한 국가의 인구가 증가했을 경우를 생각해 보자. 인구가 증가했다는 것은 태어나는 사람이 죽는 사람에 비해 많다는 뜻임을 쉽게 짐작할 수 있다. 이와 반대로 인구가 감소했다면 태어나는 사람보다 죽는 사람이 많은 경우 일 것이다. 이처럼 인구의 규모는 기본적으로 출생과 사망에 의해 결정된다.

세계 전체의 인구 성장도 출생자 수에서 사망자 수를 뺀 값인 자연증감에 의해 결정된다. 그런데 지역 단위에서는 자연증감 외에도 인구 규모에 영향을 주는 또 다른 요인으로 인구 이동이 있다. 국제적인 인구 이동에서는 이민, 국내 인구 이동에서는 전입과 전출이 있는데, 이에 의해서도 인구 규모는 커지기도 하고 작아지기도 한다. 인구 성장이나 감소는 한 국가의

생존과 관련되며 직접적으로는 생산과 소비에 영향을 미치기 때문에 사회발전과도 밀접한 관련이 있다. 따라서 증가든 감소든 지나친 인구 변화는 바람직하지 않은 현상이다.

인구 성장 모형 중 1단계는 출생률과 사망률이 모두 높아 인구가 그다지 증가하지 않는 단계로, 현재는 아프리카, 아시아, 라틴아메리카에 살고 있는 몇몇 원주민 집단에서 찾아볼 수 있다. 2단계는 의학이 발달하고 생활환경이 개선되면서 사망률이 급격히 낮아져 인구가 폭발적으로 증가하는 시기이다. 현재는 아프리카의 여러 국가들과 아시아의 개발도상국들이 이에 해당한다. 3단계는 산업화의 진행으로 여성들의 사회 참여가 일반화되면서 결혼 연령이 높아지고, 가족계획이 실시되면서 출생률이 급격하게 감소하는 시기로 인구 증가는 차츰 둔화된다. 서양에서는 19세기 중반에 나타났으며, 현재는 몇몇 개발도상국에서 나타나고 있다. 4단계는 출생률과 사망률이 모두 낮아지기 때문에 인구가 정체하는 시기로, 현재 선진국에서 나타나고 있다.

출처 [중학교 사회]

앞의 예문을 효과적인 노트양식으로 옮기면 이렇게 됩니다. 스티커를 활용하여, 필기단계를 표시해 봅시다.

* 단계가 적용된 부분에 스티커를 붙입니다. 단, 필기 전체에 적용된 단계는 가장 윗부분에 붙이면 됩니다.

핵심단어칸	수업(본문)내용 정리칸

1. 인구 성장과 인구 이동

학습목표 ˉ 인구 성장과 인구 이동에 대해 알아보자.

ˉ 인구 성장 모형을 이해하고 각 단계에 해당하는 예를 생각해 보자.

1 인구가 성장하는 과정

* 인구의 규모는 출생과 사망에 의해 결정

세계 인구증감 계산법

① 세계의 인구 증감 = ^{1}년간 출생자 수 → ^{1}년간 사망자 수

▶ 이를 자연적증감이라 함 ★자연증감

국가 인구증감 계산법

② 국가의 인구 증감 = 출생자 수 – 사망자 수 ± 인구이동

▶ 인구이동 a. 국제 인구이동 : 이민

b. 국내 인구이동 : 전입, 전출

③ 우리나라에서 인구 증가율이 가장 큰 지역 : 수도권

▶ 그 이유는? 자연증가 + 전입자 > 전출자

❓ 증가율이 가장 작은 곳은 어디일까?

인구 성장 모형 I~Ⅳ단계

2 인구 성장 모형 ★★★

① I단계 : 출생률과 사망률이 모두 높음 → 인구 증가가 크지 않음

ex. 아프리카, 아시아, 라틴아메리카의 원주민 집단

② Ⅱ단계 : 의학발달, 생활환경 개선 등으로 사망률 감소 → 인구 폭발

ex. 아프리카, 아시아의 개발 도상국

③ Ⅲ단계 : 여성의 사회참여, 가족계획으로 출생률 감소 → 인구증가 둔화

ex. 몇몇 개발도상국 ❓ 어떤 국가들이 여기에 해당할까?

④ Ⅳ단계 : 출생률과 사망률이 모두 감소 – 인구 정체

ex. 선진국

느낌!
우리나라는 3 → 4단계로
가는 중이겠지.

노트 작성 연습

● **아래의 예문을 읽고 이해해 봅시다.**

예문

브라만교와 카스트 제도

학습목표
고대인도의 독특한 신분제도와 종교의 특징을 알 수 있다.

1. 아리아인들의 정착

오늘날 인도인의 대부분은 아리아인으로, 이들은 원래 중앙 아시아의 초원지대에서 살았으나, 기원전 1500년 무렵에 인도에 정착하였다. 아리아인들은 철기문화를 바탕으로 농경과 목축 생활을 크게 발전시켰으며, 갠지스 강 유역을 중심으로 크고 작은 도시 국가를 건설하였다. 훗날 인도 문화에 큰 영향을 미친 브라만교와 카스트 제도가 형성된 것도 이 무렵의 일이다.

2. 브라만교와 카스트 제도의 형성

아리아인들은 하늘, 번개, 바람, 태양 등과 같은 자연현상에도 신이 깃들어 있다고 믿었다. 그들은 신이 인간의 생활에 큰 영향을 미친다고 믿어 신에 대한 제사를 중시하였다. 이에 따라 제사가 매우 성대하게 치러졌으며, 제사 의식도 점차 체계화되었다. 그리하여 제사를 주관하는 성직자(브라만)들을 중심으로 브라만교가 성립되었다. 성직자들은 제사 의식을 독점하면서 최고의 신분으로 자리를 잡아 왕족이나 장군과 함께 지배신분을 이루었다. 반면, 아리아인에게 정복당한 원주민들은 노예가 되어 평민보다도 천대받았다. 이렇게 엄격한 신분제도를 카스트 제도라고 하는데, 이는 오늘날까지도 인도 사회에 큰 영향을 미치고 있다.

3. 카스트 제도

다음은 고대 인도의 법전에 나오는 글로, 인도 신분제도의 특징이 잘 나타나있다. '신은 브라만에게 베다를 가르치고 배우며, 제사 지내는 일을 맡기셨다. 크샤트리아에게는 백성들을 보호하고 다스릴 것을, 바이샤에게는 농사를 짓고 짐승을 기를 것을 명령하셨다. 마지막으로 수드라에게는 다른 세 신분에 속한 사람들에게 봉사하는 임무를 명령하셨다'

출처 [중학교 사회]

● **읽은 내용을 노트로 정리해 봅시다.**

핵심단어칸	수업(본문)내용 정리칸

노트를 활용한 복습법

수업시간을 통해 배운 내용들을 일목요연하게 정리한 노트는 시험 기간에 나만의 참고서가 되기도 하지만, 매일매일의 복습을 도와주는 역할을 하기도 합니다. 노트를 활용한 효과적인 복습방법에는 어떤 것이 있을까요?

---

1. 보충하기 | 배운 내용 정확히 기억하기

수업내용 정리칸과 핵심단어칸에 적힌 내용들을 집중해서 읽고, 제대로 이해하지 못했던 부분이 있다면 참고서나 친구들의 도움을 얻어서 이해하도록 합시다.

> ⬚⬚⬚⬚ 단어, 궁금한 내용을 찾아서 노트에 적는다.

> 중요하다고 생각되는 부분에 나만의 ⬚⬚ 를 한다.

> ⬚⬚⬚⬚⬚ 칸을 한 번 더 정리한다.

2. 암송하기 | 배운 내용에 대한 기억 강화하기

배운 내용을 정리하고 이해하는 것만으로는 기억을 단단히 만들 수 없습니다. 암송은 기억을 가장 확실하게 해 주는 방법으로, 제대로 기억한 내용과 기억하지 못한 부분을 정확하게 확인할 수 있도록 도와줍니다.

>   칸에 있는 내용을 2~3번 정독하면서,
중요한 내용들을 이해한다.

> 수업내용 정리칸은 가리고, 핵심단어칸은 보이게 한 다음,
       하면서 외운 내용들을 확인한다.

🖉 연습) **전 페이지에 작성한 노트 내용을 암송해 봅시다.**

읽은 내용을 내 것으로 만드는
책읽기 방법

효과적인
책읽기 기술

책읽기 체크리스트

● 다음은 책읽기 요령을 알아보기 위한 문항들입니다. 각 문항을 읽고 자신에게 가장 적합하다고 생각되는 곳의 해당 번호에 ∨표 하세요.

문 항	∨표
1. 책을 읽고 나면 요점이 무엇인지 파악할 수 있다.	
2. 본문을 읽기 전에 목차를 먼저 본다.	
3. 내용이 어려울 때는 더 천천히 읽는다.	
4. 중요한 부분에 밑줄을 치거나 따로 표시를 한다.	
5. 이해가 안 되면 여러 번 반복해서 읽는다.	
6. 표나 그림, 그래프를 빼놓지 않고 확인한다.	
7. 책을 다 읽고 나면 읽은 내용을 머릿속으로 정리한다.	
8. 나중에 보기 편하도록 이해한 내용을 노트나 책의 여백에 적는다.	

총 개수 :

● ∨표시한 문항의 개수를 세어 보세요. 만약 4개 이하의 개수가 나왔다면, 이번 시간을 통해 자신이 부족했던 영역을 보완해 보세요.

(0~2개) → 책읽기 습관이 많이 부족해요.

(3~4개) → 조금 더 노력해야겠어요.

(5~6개) → 좋은 습관이 많은 편이네요.

(7~8개) → 아주 잘하고 있어요.

자신의 책읽기 능력을
어느 정도라고 생각하나요?

● 어디에 해당하나요?

높음　　보통　　낮음

> 그 이유는 무엇인가요?

다음의 책은 어떤 방식으로
읽는 것이 좋을까요?

만화책

교과서

> 책은 읽는 ▢▢ 에 따라 읽는 ▢▢ 이 다릅니다.

책읽기 1단계: 훑어보기 Preview

● 둘 중 누가 정상에 빨리 도착할까요?

● 교과서를 활용한 훑어보기 방법은 다음과 같습니다. 빈칸에 해당하는 단어들을 아래
상자에서 찾아 적어 봅시다.

> 핵심단어, 목차, 본문, 그래프, 단원 소개, 제목, 그림, 지도, 탐
> 구문제, 추측, 이해, 암기, 알고 있던, 추측했던

> ⬜⬜⬜⬜, ⬜⬜, ⬜⬜ 등을 읽고, 전체적인 흐름을

⬜⬜ 해 본다.

> ⬜⬜, ⬜⬜, ⬜⬜⬜ 등을 간단히 살펴본다.

> 진하게 표시된 ⬜⬜⬜ 를 읽어 본다.

> 훑어보기 후에 ⬜⬜⬜ 내용을 떠올린다.

책읽기 2단계 : 질문하기 Question

● 다음 중 어느 광고에 사람들이 더 흥미를 보일까요?

〈제품에 대한 길고 복잡한 설명〉

〈기계를 수중에서 작동하는 실험장면〉

● 책을 읽으며 질문을 만드는 세 가지 요령은 아래와 같습니다.

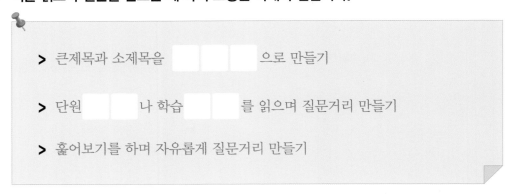

> 큰제목과 소제목을 [   ][   ][   ]으로 만들기

> 단원 [   ][   ] 나 학습 [   ][   ] 를 읽으며 질문거리 만들기

> 훑어보기를 하며 자유롭게 질문거리 만들기

책읽기 연습 : 훑어보기 + 질문하기

● 앞에서 배운 내용을 떠올리며, 아래의 차례를 살펴봅니다. 궁금한 내용이나 잘 모르는 단어에는 나만의 표시(☆, ?)를 해 봅시다.

차례

IV. 소화와 순환 138

V. 호흡과 배설 184

   1. 우리 몸에서 공기가 지나가는 길 186
   2. 숨쉬기 운동이 일어나는 방식 190
   3. 들숨과 날숨의 성분이 다른 이유 194
   4. 생물이 호흡하는 이유 198
   5. 흡연과 우리 몸의 건강 202
   6. 우리 몸에서 노폐물의 처리 과정 206
   7. 콩팥의 종류 212

'호흡과 배설' 단원소개

일상에서 벗어나 동경해 왔던 높은 산이나 혹은 깊은 바다를 탐험하는 일은 상상만으로도 흥분되는 일이다. 그러나 우리가 생활해 왔던 이 땅을 벗어날 때, 가장 먼저 부딪히는 문제는 숨을 쉬는 일이다. 그래서 높은 산을 등반하거나 바닷속을 즐기기 위해서는 공기통의 도움을 받아야 한다. 평소에 미처 의식하지 못하던 숨쉬기라는 일이 우리의 터전 밖에서는 그리 쉬운 일이 아닌 것이다. 숨을 쉰다는 것은 어떤 의미를 가지고 있을까?

\> 이 책에는 어떤 내용이 있을 거라고 예상할 수 있을까요?

\> 나만의 의문점을 만들어 봅시다. 가능한 한 창의적인 질문을 만들수록 좋습니다.

책읽기 3단계 : 읽기 Reading

● 읽기의 목적과 요령은 다음과 같습니다. 퍼즐이 맞춰지면 완성된 그림을 볼 수 있듯이, 네 가지 전략을 적용하여 본문을 읽으면, 책의 전체 내용이 한눈에 보입니다.

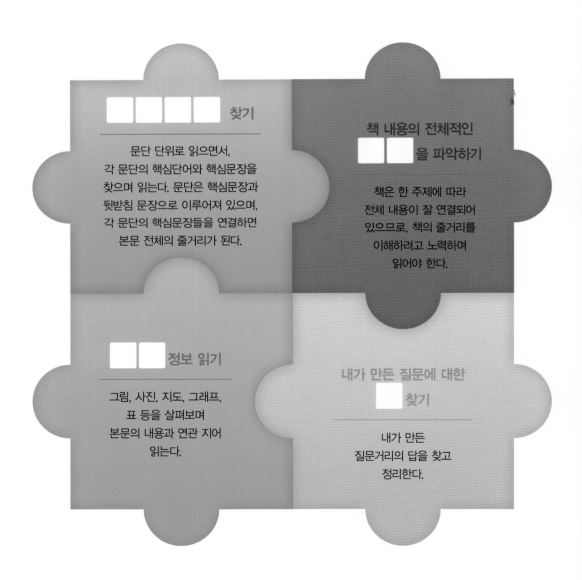

찾기

문단 단위로 읽으면서,
각 문단의 핵심단어와 핵심문장을
찾으며 읽는다. 문단은 핵심문장과
뒷받침 문장으로 이루어져 있으며,
각 문단의 핵심문장들을 연결하면
본문 전체의 줄거리가 된다.

책 내용의 전체적인
□□ 을 파악하기

책은 한 주제에 따라
전체 내용이 잘 연결되어
있으므로, 책의 줄거리를
이해하려고 노력하며
읽어야 한다.

정보 읽기

그림, 사진, 지도, 그래프,
표 등을 살펴보며
본문의 내용과 연관 지어
읽는다.

내가 만든 질문에 대한
□ 찾기

내가 만든
질문거리의 답을 찾고
정리한다.

책읽기 연습 : 읽기

● 꼭꼭 숨어 있는 핵심단어를 찾아, 각 문단별로 밑줄쳐 봅시다.

예문

5. 흡연과 우리 몸의 건강

대부분의 나라에서 강력한 금연 정책을 펼치고 있을 만큼 담배로 인한 피해가 심각한데도 여전히 많은 사람들이 담배를 피우는 이유는 무엇일까? 또한 어떻게 하면 흡연율을 줄일 수 있을까?

1. 담배는 왜 해로운가?

담배 안에는 여러 가지 독성물질이 포함되어 있다. 원래 담배를 만들 때 재료로 사용된 식물에 포함된 것에서부터 담배를 제조할 때 첨가된 화학물질, 그리고 담배가 될 때 만들어지는 화학물질까지 매우 다양하다. 담배 안에 들어있는 독성 물질 중에는 비록 적은 양이지만, 해충이나 잡초를 죽일 때 사용하는 독극물도 있고, 사체의 부패를 막는 데 사용되는 성분, 그리고 심지어는 인체에 치명적인 위해를 주는 독가스 성분도 들어 있다. 담배를 태울 때 발생하는 수천 가지의 해로운 성분 중에서 타르와 니코틴, 일산화탄소 등은 사람에게 해로움을 주는 대표적인 물질들이다.

2. 담배 연기는 특히 호흡기에 치명적인 손상을 유발한다.

우리 몸에서 호흡기는 공기 중에 직접 노출되기 때문에 쉽게 감염되거나 손상될 수 있는 부위이다. 특히, 요즘에는 대기 오염이나 각종 병원성 세균, 바이러스 등에 의해 호흡기 관련 질환이 증가하고 있다. 흡연자의 호흡기는 담배 연기가 직접 지나는 통로이므로 그 유해 성분으로 인해 심각한 손상을 입게 된다. 타르와 니코틴 등의 물질은 섬모나 점막, 기관지나 폐포 등을 손상시켜 호흡기의 정상적인 기능을 방해할 뿐만 아니라 폐암이나, 폐렴, 천식 등의 호흡기 질병을 유발한다.

흡연은 호흡기 외에도 위암, 자궁경부암, 후두암, 췌장암 등 다양한 암 발생의 주요 원인이 되며, 동맥경화증, 뇌혈관질환 등을 유발하는 원인이 되기도 한다. 특히, 청소년기에 흡연을 시작할 경우, 아직 정신적으로나 신체적으로 미성숙한 상태에서 담배 안의 발암 물질 및 유해 화학물질에 노출되기 때문에 중독되기 쉬우며 건강에 심각한 악영향을 받을 수 있다.

3. 흡연은 흡연자만의 문제가 아니다.

담배가 흡연자에게만 피해를 주는 것은 아니다. 타고 있는 담배에서 생기는 연기나 흡연자가 내뿜는 담배 연기는 주변의 사람에게도 심각한 문제를 일으킨다. 담배 연기가 공기, 특히 밀폐된 실내 공기를 오염시키면 주변 사람들이 이것을 마시게 되어 흡연자나 비흡연자 모두가 해로운 영향을 받는다. 실제로 부모의 흡연으로 자녀의 호흡기가 손상되거나 남편이 피운 담배에 아내가 폐암으로 죽는 일이 생기기도 한다. 그래서 세계 각국에서는 공공장소에서의 흡연을 금지하였고 이를 점차 확대하고 있다. 또한, 담배 관련 경고 문구의 강화, 금연 구역의 확대, 금연 캠페인 전개 등의 활동을 강화한 결과 흡연 인구는 점차 줄어들고 있다.

출처 [중학교 사회]

> 찾은 핵심단어를 이용하여 핵심문장을 만들어 봅시다.

책읽기 4단계 : 암송하기 Recite

책을 읽고 있을 때는 그 책을 잘 이해하고 있고 앞으로도 전부 기억할 것 같은 느낌이 들지만, 사실은 그렇지 못합니다. 방금 전 읽은 내용을 잘 알고 있는지를 확인하기 위해서는 그 내용을 암송하는 것이 효과적입니다.

● **암송하는 방법은 다음과 같습니다.**

> 책을 덮고, 읽은 내용을 [ ][ ][ ] 로 표현해 보는 것

책읽기 5단계 : 복습하기 Review

인간의 기억력에는 한계가 있기 때문에, 이미 읽고 배웠던 내용이라도 일정한 간격을 두고 반복적으로 복습하는 것이 공부에 효과적입니다.

● **복습하는 방법은 다음과 같습니다.**

> 복습은 일정 [ ][ ] 을 두고 읽은 내용을 확인하는 것

책은 한 번만 읽어서는 기억할 수 없으므로,
복습을 통해 다시 한 번 읽을 필요가 있습니다.
책을 다시 읽을 때는 보통, 처음 읽은 시간의 반도 걸리지 않습니다.

과 제

교과서를 한 권 골라서, 아래의 순서에 맞게 기록하면서 읽어 봅시다.

훑어보기 Preview	· 내가 책을 읽는 이유는? · 책의 전체적인 내용은?
질문하기 Question	· 궁금하거나 잘 모르는 내용은?
읽기 Reading	· 본문의 중심내용은? · 내가 만든 의문점의 답은?
암송하기 Recite	· 본문의 중심내용을 요약하면? · 책을 덮고, 이해한 내용을 암송해 봅시다.
복습하기 Review	· 관련 문제를 풀어 봅시다.

습관만 바꿔도
기억력이 높아진다!

기억력 향상 전략

기억 습관 체크리스트

● **각 항목을 읽고 자신에게 해당되는 번호에 ∨표 하세요.**

문 항	∨표
1. 한 번에 몰아서 공부하기보다 조금씩 자주 공부하는 편이다.	
2. 암기 과목은 그날그날 복습한다.	
3. 외워야 할 내용이 있으면 먼저 요약해 본다.	
4. 공부한 내용이 시험에서도 잘 기억난다.	
5. 무작정 외우기보다는 먼저 이해하려고 노력한다.	
6. 공부할 때 제대로 외워졌는지 눈을 감고 떠올려 본다.	
7. 등 · 하굣길에도 영어 단어나 수학 공식을 암기한다.	
8. 나만의 효과적인 기억 방법을 가지고 있다.	

총 개수 :

● **∨ 표시한 문항의 개수를 세어 보세요. 만약 4개 이하의 개수가 나왔다면, 이번 시간을 통해 자신이 부족했던 영역을 보완해 보세요.**

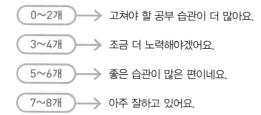

(0~2개) → 고쳐야 할 공부 습관이 더 많아요.

(3~4개) → 조금 더 노력해야겠어요.

(5~6개) → 좋은 습관이 많은 편이네요.

(7~8개) → 아주 잘하고 있어요.

기억의 종류

공부를 하다 보면 영어 단어나 한자와 같이 기억하려고 노력했음에도 불구하고 짧은 시간 안에 쉽게 잊어버리게 되는 것이 있는 반면에, 지금 사용하고 있는 한글의 어휘처럼 잊혀지지 않는 것이 있습니다. 이러한 현상은 기억이 하나의 과정을 따라 일어나며 그 종류가 다르기 때문인데요, 기억의 종류에는 어떤 것들이 있는지 자세히 알아봅시다.

단기기억

● **선생님이 부르는 단어를 잘 듣고, 기억나는 대로 아래 빈칸에 적어 봅시다.**

● **단기기억은 다음과 같은 특징이 있습니다.**

> 보통 　　　초 정도 기억되고

　　　개의 단위로 기억된다.

 장기기억

인간에게 단기기억만 존재했다면 어떻게 되었을까요? 다행히도 우리에게는 장기기억이 있어 많은 정보들을 머릿속에 저장하고 필요할 때 언제든지 떠올릴 수 있습니다.

● **그렇다면 장기기억은 어떤 특징을 갖고 있을까요?**

> 기억 용량이 　　　　하고

　　　　　기억된다.

● **장기기억의 예를 들어 봅시다.**

기억의 한계

● **기억이 잘 나지 않는 이유**

심리학 연구 결과에 따르면 한 번 학습한 내용은 10분 후부터 망각되기 시작하며, 1시간 뒤에는 ___ %가, 하루 뒤에는 약 ___ %를 망각하게 된다고 합니다.

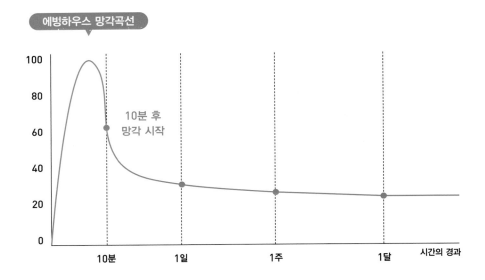

에빙하우스 망각곡선

10분 후
망각 시작

시간의 경과

10분   1일   1주   1달

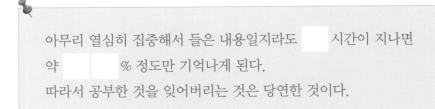

아무리 열심히 집중해서 들은 내용일지라도 ___ 시간이 지나면 약 ___ % 정도만 기억나게 된다.
따라서 공부한 것을 잊어버리는 것은 당연한 것이다.

● 기억을 잘한다는 것은?

앞서 실험에서 살펴보았듯이 시간에 따라 인간이 잊어버리는 속도는 정말 빠르게 일어납니다. 우리의 기억력이 이 정도밖에 안 된다는 사실에 실망할 수도 있는데요, 그러나 공부한 내용을 잊어버리기 전에 여러 가지 전략을 사용한다면 망각률을 낮출 수 있습니다. 그중 가장 기본적인 방법이 바로 '반복'입니다.

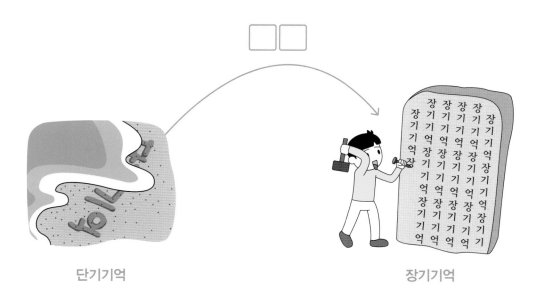

단기기억   장기기억

기억의 효율을 높이는 5단계

1단계 : ☐☐하기   "들어오지 않으면 나갈 것도 없어요!"

기억력을 향상시키는 가장 첫 번째 단계는 '집중하기'입니다. 집중은 모든 학습에서 기본이 되는 요소입니다.

● **선생님이 부르는 문제를 잘 듣고, 그 답을 아래 빈칸에 적어 봅시다.**

> 질문에 제대로 답을 할 수 있었나요? 그렇지 않았다면, 그 이유는 무엇인가요?

● **기억에서 집중이 중요한 이유?**

● **효과적인 집중전략 Tip 5가지**

	전혀 사용하지 않는다　　　　자주 사용한다
1. 뚜렷한 목표 수립	1 - 2 - 3 - 4 - 5
2. 우선순위와 골든타임을 고려한 시간계획 세우기	1 - 2 - 3 - 4 - 5
3. 자신의 집중길이를 고려한 시간계획 세우기	1 - 2 - 3 - 4 - 5
4. 수면과 컨디션 조절	1 - 2 - 3 - 4 - 5
5. 공부환경 정리하기	1 - 2 - 3 - 4 - 5
★ 나만의 전략 :	1 - 2 - 3 - 4 - 5

> 앞으로 내가 더 신경 써서 사용해야 할 집중전략은 어떤 것인가요?

☝ 2단계 : ☐☐ 하기   **"처음에 잘못 배우면 엉뚱한 내용만 기억나요!"**

많은 친구들이 암기과목을 공부할 때 교과서를 여러 번 읽는다거나 책에 줄을 치면
서 외웁니다. 하지만 그 내용에 대해 충분히 이해하지 못한 채 무작정 외우는 것은
가장 비효율적인 공부방법입니다.

● **다음의 문장들을 평소 공부하듯 외워 봅시다(제한시간 1분).**

> 먼저 물건들을 여러 종류로 구분한다. 기계가 없을 때는 다른 곳으로 가야 하지만 기계가 있다면
> 준비는 거의 다 된 것이다. 한 번에 너무 많이 하는 것보다는 한 번에 좀 적다고 생각될 정도로
> 하는 것이 더 낫다. 처음 이 일을 시작할 때는 이런 절차가 복잡해 보일 수도 있지만 곧 생활의
> 일부가 될 것이다. 이 절차가 끝나면 물건들을 여러 종류로 나누어서 정돈한다. 그 다음에는 물
> 건들을 적절한 장소에 집어넣는다. 이 물건들은 결국 다시 한 번 사용되고, 사용된 다음에는 이
> 절차가 다시 반복된다.

➤ 위 지문을 가리고 생각나는 대로 외워 봅시다. 얼마나 기억할 수 있나요?

➤ 위 글의 주제는 ☐☐☐ 입니다. 다시 한 번 외워 봅시다. 더 많이 떠오르나요?

● **기억에서 이해가 중요한 이유?**

● **이해가 되었다는 것은 어떻게 알 수 있을까?**

➤ 내용을 다 보고 난 후 '아하' 하는 ☐☐ 이 온다.

➤ 책을 덮고 대략의 내용을 ☐☐☐ 로 설명할 수 있다.

➤ ☐☐☐☐ 를 뽑아낼 수 있다.

➤ ☐ 를 들어 설명할 수 있다.

🖐 3단계 : ☐☐ 하기　　"마구잡이로 섞어 놓으면 찾아낼 수 없어요!"

전체 내용 중 가장 핵심적인 부분만 정리하는 것을 요약이라고 합니다. 요약이 왜 중요하고 어떻게 하는 것인지 살펴봅시다.

● **다음 중 원하는 것을 찾기 쉬운 방은 어디일까요? 그 이유도 생각해 봅시다.**

● **요약이 중요한 이유**

● **요약하는 방법**

> 교과서 　　　 활용하기

> 교과서 　　　　 , 　　　　　 활용하기

> 　　　 활용하기

> 나만의 요약방법 :

✋ 4단계 : ☐☐하기   **"망각을 이기는 반복의 힘!"**

앞에서 설명하였듯이 내용을 100% 암기했다 하더라도 하루가 지나면 그 기억 중 50% 정도는 잊어버리게 됩니다. 이런 '망각'현상을 막을 수 있는 최선의 방법은 반복입니다.

● **반복의 효과**

한 번만 공부하고 끝내는 것은 전혀 공부하지 않은 것과 큰 차이가 없습니다. 에빙하우스의 실험에서 발견한 또 한 가지 중요한 사실은 반복의 중요성이었는데요. 주기적으로 반복해 줄 때마다 기억이 유지되는 양이 많아지는 것을 알 수 있습니다.

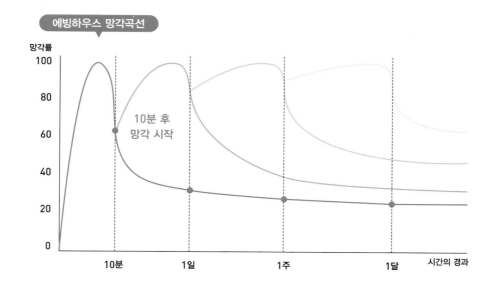

● **적당한 반복의 시기**

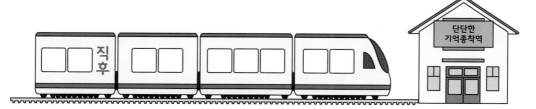

✋ 5단계 : ☐☐☐ 사용하기   **"잘 외워지지 않는 내용은 이렇게 해보자!"**

과학시간 원소기호나 조선시대 왕의 이름을 순서대로 외울 때 잘 외워지지 않아 어려움을 겪었던 경험이 있나요? 때로는 외워야 할 것들을 노래나 재미있는 문장으로 바꾸어서 기억하는 방법을 사용해 보기도 했을 것입니다. 기억술은 이처럼 외국어로 된 낯선 단어들이나, 문법규칙, 철자법 등과 같이 난해한 자료를 학습하고 회상하는 데 도움을 주는 장치라고 할 수 있습니다.

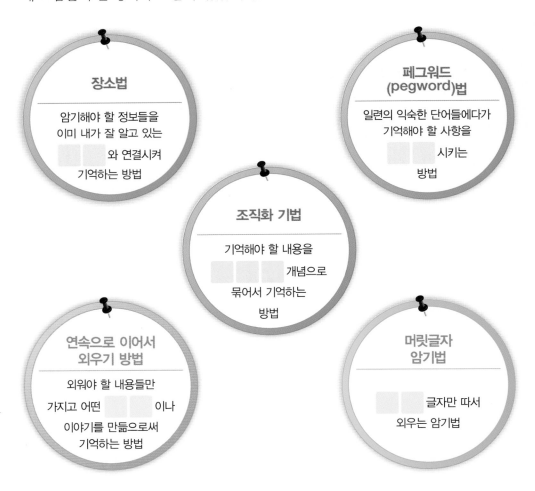

장소법

암기해야 할 정보들을 이미 내가 잘 알고 있는 ☐☐ 와 연결시켜 기억하는 방법

페그워드 (pegword)법

일련의 익숙한 단어들에다가 기억해야 할 사항을 ☐☐ 시키는 방법

조직화 기법

기억해야 할 내용을 ☐☐☐ 개념으로 묶어서 기억하는 방법

연속으로 이어서 외우기 방법

외워야 할 내용들만 가지고 어떤 ☐☐ 이나 이야기를 만듦으로써 기억하는 방법

머릿글자 암기법

☐☐ 글자만 따서 외우는 암기법

기억술의 적용

기억술의 적용 1 : 영어 단어 외우기   "플래시 카드 기법"

● **아래 그림을 살펴봅시다. 주인공은 왜, 공부한 단어를 시험 때 기억하지 못했을까요?**

> 시험에서는 단서만 제공을 하기 때문에, 우리는 그 단서를 보고 답을 기억해 내야 합니다. 하지만 다음과 같은 단어장 형식("struggle-고군분투하다")은 단서와 정답이 함께 제시되기 때문에, 공부하는 동안에는 마치 다 알고 있는 것 같은 느낌을 주지만 실제로는 별로 효과적이지 않습니다.

> 그렇다면 어떻게 해야 할까요? ☐ ☐ ☐ 카드 기법

외우려고 할 때에도 시험 때와 마찬가지로 한 가지 단서만 제시하고, 그 단서를 가지고 정답을 추론하거나 회상하는 방식으로 공부해야 합니다.

앞면

struggle
[strʌgl]

뒷면

1. 투쟁하다, 몸부림치다, 허우적거리다
2. 힘겹게 나아가다
3. (나쁜 상황·결과를 막기 위해) 싸우다

step 1. 앞면과 뒷면을 번갈아가면서 단어를 암기한다.

step 2. 영어단어만 보고 ☐ 을 떠올려 본다.

　　　　　or 뜻만 보고 앞면의 ☐ ☐ ☐ 을 떠올려 본다.

기억술의 적용 2 : 이미지 기억술

"마인드맵 (mind map)"

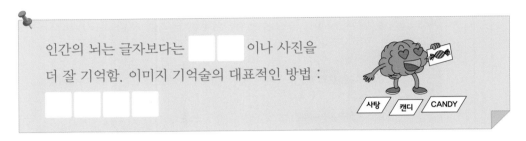

인간의 뇌는 글자보다는 [ ][ ]이나 사진을
더 잘 기억함. 이미지 기억술의 대표적인 방법 :
[ ][ ][ ][ ]

> 마인드맵이란 문자 그대로 '생각의 [ ][ ]'란 뜻으로, 자신의 생각을 지도
그리듯 이미지화해 사고력, 창의력, 기억력을 한 단계 높이는 두뇌개발 기법입니다.

> 외워야 할 내용들을 [ ][ ]으로 만들어 내면 기억하기가 훨씬 쉬워집니다.

> 어떤 문제에 대하여 창조적으로 생각하고 있을 때, 시간이 흐르거나 연속적인 사
고의 연상이 진행되면서, 생각한 내용의 일부는 잃어버리게 되고 재생하기가 어
렵게 됩니다. 마인드맵은 유기적으로 연결되는 일련의 생각을 훌륭하게 상기시켜
줍니다.

> 마인드맵에는 특정한 형식이 없습니다(단순한 형태에서부터 상당히 복잡한 형태
까지 가능).

실전연습

● 앞에서 배운 '기억의 5단계'를 적용하면서 주어진 지문을 공부해 봅시다.

> 조선 시대에는 신분제도가 매우 엄격하여서 양반, 중인, 상민, 천민으로 구분되어 있었다. 양반들은 백성들을 지배하는 상류 계급으로 유학을 공부하고 과거 시험을 통하여 관리가 된 후에 나라를 다스리는 데 참여하였다. 중인은 양반보다 낮은 신분으로 의학, 기술 등에 뛰어난 재주가 있는 사람들로 대개 양반을 도와 관청 등에서 일을 하였다. 상민은 백성들의 대부분을 이루는 사람들로 주로 농사를 지었으며 수공업, 상업 등을 하기도 하였다. 세금을 내야 했고, 군대에 가야 했으며 교육을 받을 기회가 거의 없어서 벼슬을 할 수 있는 기회는 막혀 있었다. 천민은 양반집이나 관청 등에서 종이나 노비로 일을 하였고, 갖바치, 백정 등 험한 일을 주로 하여 향, 소, 부곡 등에서 따로 모여 사는 경우가 많았다.

☝ **1단계 : 집중하기**

위의 지문을 읽는 동안 얼마나 집중력을 발휘하였나요?　　　　＞ _____ %

✌ **2단계 : 이해하기**

내가 이해했다는 걸 어떻게 알 수 있을까요? 다음을 모두 체크할 수 있어야 이해했다고 볼 수 있습니다.

> 모르는 단어나 문장은 없었나요?　　　　　　　　　　[예 , 아니요]

> 친구에게 설명해 줄 수 있나요?　　　　　　　　　　[예 , 아니요]

> 머릿속으로 '아하!' 하는 느낌이 들었나요?　　　　　[예 , 아니요]

3단계 : 요약하기

● **요약하는 방법**

☑ 핵심단어에 동그라미를 쳐 보세요.

☑ 중요한 문장에 줄을 긋고 번호를 붙여 보세요.

☑ 위의 내용을 노트에 옮겨 적어 보세요.

4단계 : 반복하기

노트필기 기술 시간에 배운 '노트를 이용한 복습법'을 적용하여 반복학습을 해 봅시다.

5단계 : 기억술 사용하기

이상의 내용을 자신이 알고 있는 기억술을 총동원하여 암기해 봅시다.

핵심단어	수업내용 정리

핵심단어	수업내용 정리

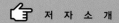

저 자 소 개

박동혁(Park Dong Hyuck)

아주대학교 심리학과에서 학습과 정신건강에 대한 주제로 임상심리학 석사와 박사 학위를 취득했고 아주학습능력개발연구실(ALADIN)을 운영하며 청소년 학습문제에 대한 프로그램과 검사를 개발하였다. 2007년부터 심리상담센터 '마음과배움'을 운영하고 있고, 아주대학교 교육대학원 겸임교수, 원광디지털대학 심리학과 초빙교수로 재직 중이며 '학습심리' '진로상담' '행동수정' '이상심리' '심리치료' 등의 과목을 강의하고 있다. 이 외에 각급 교육청 및 상담 기관을 대상으로 학습, 인성, 진로에 대한 강연을 정기적으로 진행하고 있다. KBS, MBC, EBS 등의 방송에서 청소년 상담과 정신건강에 대한 주제로 다양한 방송 활동도 이어가고 있다. 대표 저서로는 MLST 학습전략검사, MindFit 적응역량검사, KMDT 진학진단검사, LAMP 워크북 시리즈, 하루5분 양육기술, 부모교육 및 상담 등이 있다.

LAMP WORKBOOK
학습전략 향상 프로그램 단축판
Lamp Workbook Short Form 8Session

2017년 4월 25일 1판 1쇄 발행
2024년 7월 25일 1판 7쇄 발행

지은이 • 박 동 혁
펴낸이 • 김 진 환
펴낸곳 • (주)학지사
　　　04031 서울특별시 마포구 양화로 15길 20 마인드월드빌딩 5층
대표전화 • 02) 330-5114　　　팩스 • 02) 324-2345
등록번호 • 제313-2006-000265호
홈페이지 • http://www.hakjisa.co.kr
페이스북 • https://www.facebook.com/hakjisabook

ISBN 978-89-997-1237-1 04370
　　　978-89-997-0401-7 (set)

정가 9,000원

이 도서의 국립중앙도서관 출판시도서목록(CIP)은 서지정보유통지원시스템 홈페이지(http://seoji.nl.go.kr)와 국가자료공동목록시스템(http://www.nl.go.kr/kolisnet) 에서 이용하실 수 있습니다.
(CIP제어번호: CIP2017009210)

출판 · 교육 · 미디어기업 **학지사**

간호보건의학출판 **학지사메디컬** www.hakjisamd.co.kr
심리검사연구소 **인싸이트** www.inpsyt.co.kr
학술논문서비스 **뉴논문** www.newnonmun.com
원격교육연수원 **카운피아** www.counpia.com

나에게 있어 '공부'란? – 감정스티커

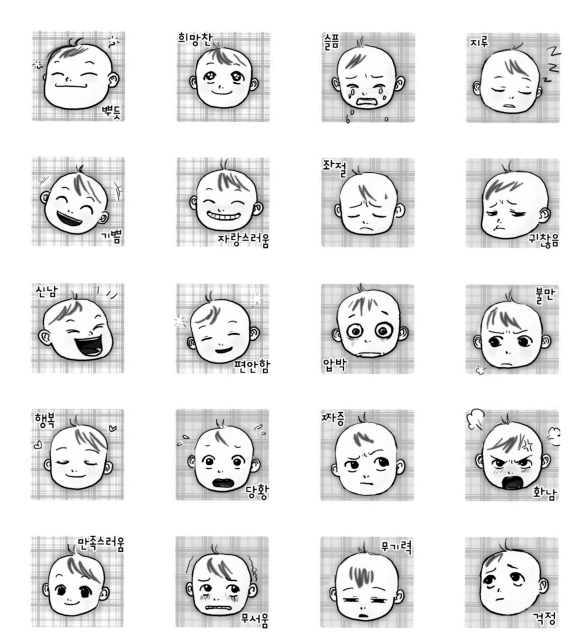

Page 38
우선순위 세우기 연습 스티커

친구들과 농구하기	학원 숙제	컴퓨터 게임
중간고사 준비	낮잠	친구 문자에 답장하기
오늘 밤에 하는 TV 드라마 보기	내일까지 내야 하는 학교 숙제	수학 오답노트 정리하기
빈둥거리기	영어 단어 외우기	간식 먹기
다음 주에 있을 수행평가 준비	씻기	내 성적을 갉아먹는 사회, 교과서로 복습하기

Page 74
효과적인 노트법 단계 스티커

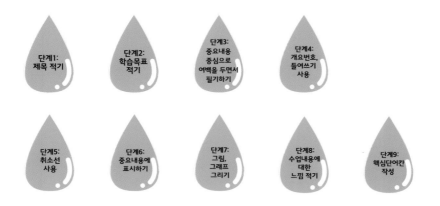